Pernilla Rönnlid
Lena Djuphammar

Student*innen KÜCHE

Bassermann

Über das Buch

In diesem Buch findest du unkomplizierte Rezepte, die lecker und gesund sind. Für Tage, an denen es schnell gehen muss, oder Tage, an denen du dir Zeit lassen kannst. Und auch alles dazwischen.

SCHNELL

Büffeln, jobben, Sport, mit Freund*innen abhängen – Studierende haben viel um die Ohren. Deshalb kann man Rezepte, die sich schnell zwischendurch zubereiten lassen, immer gut gebrauchen – und davon gibt es in diesem Buch so einige.

EINFACH

Für Student*innen hat Kochen nicht gerade oberste Priorität, umso wichtiger sind da unkomplizierte, schnörkellose Rezepte. Gerichte, die etwas länger dauern, kann man ja im Freundeskreis zusammen kochen – das macht Spaß, und man kann noch ein paar „Hausfrauentipps" austauschen.

LECKER

Wir möchten, dass du unsere Rezepte als Inspirationsquelle betrachtest; sie sind nicht in Stein gemeißelt! Trau dich, neue Rezepte und Zutaten auszuprobieren. Gib ein bisschen mehr Tabasco dazu, wenn du es schärfer magst, oder ein paar Tropfen Zitronensaft für mehr Säure. Dein Geschmack zählt, sonst nichts!

GESUND

Schnelle Gerichte sind nicht zwangsläufig ungesund, im Gegenteil! Unsere Rezepte sind lecker und gesund! Sie enthalten reichlich Gemüse und versorgen dich mit viel Energie und wichtigen Nährstoffen. Gesund war noch nie so lecker!

Kreativ

Wir hoffen, dass dieses Buch bald voller Eselsohren, Notizen und Fettflecken ist und du darin viele neue Lieblingsrezepte findest. Füge einfach eine Zutat hinzu, falls dir etwas fehlt, oder wandele das Rezept ab. Sei ganz einfach kreativ beim Kochen – es kann nicht viel schiefgehen. Du wirst sehen: Je mehr du ausprobierst, desto besser werden deine Kochkünste.

... VIEL SPASS!

Kochen soll nicht nur satt machen, es soll vor allem Spaß machen. Genieße daher die Zeit in der Küche und die köstlichen Gerichte, die du zubereitest!

Happy Cooking! Lena und Pernilla

Und zusätzlich Rezepte für unterwegs!

Retter in der Zeitnot – schnelle Gerichte
für hektische Tage
Save my busy day!

Mix and go

PREISELBEERTRAUM

FÜR 2 PERSONEN

60 G TK-PREISELBEEREN
1 BANANE
200 G VANILLEJOGHURT
1–2 TL FLÜSSIGER HONIG
100 ML MILCH

Die Banane schälen, anschließend alle Zutaten mixen. Lecker mit Butterkeksen.

FRÜHSTÜCKSSMOOTHIE

FÜR 2 PERSONEN

1 BANANE
200 G VANILLEJOGHURT
200 ML MILCH
140 G TK-MANGO
30 G HAFERFLOCKEN

Die Banane schälen, anschließend alle Zutaten mixen.

BIRNEN-KICK

FÜR 2 PERSONEN

1 GROSSE BIRNE
1 BANANE
120 G FRISCHE ODER TK-BLAUBEEREN
1 TL FRISCH GERIEBENE INGWERWURZEL
200 ML MANDEL-, HAFER- ODER SOJADRINK

Die Birne schälen und entkernen. Die Banane schälen, anschließend alle Zutaten mixen.

Salat zum Trinken

GRÜNE ENERGIEBOMBE

PERFEKTES LEICHTES MITTAGESSEN, WENN MAN AUF DEM SPRUNG IST. EINFACH MIXEN, IN EINE FLASCHE FÜLLEN UND MITNEHMEN.

FÜR 2 PERSONEN

1 AVOCADO
1 BANANE
1 TL FRISCH GEPRESSTER ZITRONENSAFT
1 EL KOKOSÖL
1 HANDVOLL BABYSPINAT
200 ML WASSER

Banane und Avocado schälen, die Avocado entkernen. Alle Zutaten mixen und bei Bedarf mit etwas Wasser verdünnen. Mit einem oder zwei hartgekochten Eiern dazu wird's ein köstliches leichtes Mittagessen!

PEPP DEINEN SMOOTHIE AUF!

Für einen sättigenderen Smoothie noch einen Teelöffel Chiasamen, einen Esslöffel Kokosöl oder einen Teelöffel Quark zugeben.

Für zusätzliche Vitamine einen Teelöffel Superfood – zum Beispiel Weizengras oder Spirulina – zufügen.

Für zusätzlichen Pepp etwas fein gehackte frische Chilischote oder eine Prise Chilipulver unterrühren.

Wenn eine Erkältung naht, noch einen Teelöffel geriebenen Ingwer untermixen.

Supereinfach

VEGGIE-OMELETT

HAST DU NOCH EIN PAAR EIER, ETWAS GEMÜSE UND EIN BISSCHEN KÄSE IM KÜHLSCHRANK? DANN GIBT ES HEUTE OMELETT!

FÜR 1 PERSON

¼ ROTE ZWIEBEL
½ ROTE PAPRIKA
1 + 1 EL RAPSÖL
2 EIER
2 EL WASSER ODER MILCH
½ TL SALZ
½ TL GEMAHLENER SCHWARZER PFEFFER
30 G FETA, ZERBROCKELT
1 HANDVOLL RUCOLA, VERZEHRFERTIG

1. Die Zwiebel abziehen, die Paprika waschen und putzen. Beides hacken. Einen Esslöffel Öl in einer Pfanne erhitzen und das Gemüse darin braten, bis die Paprika weich ist. In eine Schüssel geben und beiseitestellen.

2. Eier, Wasser oder Milch, Salz und Pfeffer in einer Schüssel mit einer Gabel leicht verquirlen.

3. Einen Esslöffel Öl in der Pfanne auf mittlerer Stufe erhitzen, das verquirlte Ei hineingießen und beim Backen immer wieder mit dem Pfannenheber leicht anheben, sodass die noch flüssige Eimasse auf den Pfannenboden fließt. Das Omelett ist fertig, sobald das Ei gestockt und die Unterseite leicht gebräunt ist.

4. Das Gemüse auf dem Omelett verteilen und mit Feta bestreuen. Die Pfanne vom Herd nehmen, sobald der Käse zu schmelzen beginnt. Mit Rucola servieren.

Knusprig und cremig

GEGRILLTE BIRNENBROTE

MIT EINER SCHEIBE SCHINKEN ODER SALAMI UND DUNKLEM BROT WERDEN DIESE BROTE NOCH ETWAS SÄTTIGENDER.

FÜR 4 PERSONEN

8 SCHEIBEN BROT NACH WAHL
BUTTER
2 BIRNEN
1 KNOBLAUCHZEHE
100 G SAHNE
200 G FRISCHKÄSE
½ TL PAPRIKAPULVER
EIN PAAR TROPFEN TABASCO
2 EL SONNENBLUMENKERNE

1. Den Backofen auf 250 °C vorheizen. Die Brotscheiben mit Butter bestreichen und auf ein mit Backpapier ausgelegtes Backblech legen.

2. Die Birnen entkernen, in dünne Spalten schneiden und auf die Brote verteilen.

3. Den Knoblauch zerdrücken und mit Sahne, Frischkäse, Paprika und Tabasco verrühren. Auf den Birnen verteilen.

4. In der Mitte des vorgeheizten Ofens etwa 10 Minuten überbacken, bis die Käsecreme hellbraun geworden ist. Alternativ zwei Brotscheiben aufeinanderlegen und im Sandwichmaker grillen. Mit den Sonnenblumenkernen bestreuen und zum Beispiel mit dem Guacamole-Salat von Seite 46 servieren.

Neues Lieblingsessen

SCHNELLES BURGER-SANDWICH

FAST WIE HAMBURGER, ABER DOCH NICHT GANZ. PERFEKT FÜR EIN MITTAGESSEN MIT MEHREREN – MIT ODER OHNE POMMES.

FÜR 2 PERSONEN

250 G RINDERHACKFLEISCH
2 EL BARBECUESAUCE
¼ TL SALZ
¼ TL GEMAHLENER SCHWARZER PFEFFER
¼ GELBE PAPRIKA
1 STÜCK LAUCH (CA. 10 CM)
¼ ZUCCHINI
1 KNOBLAUCHZEHE
1 EL BUTTER
4 SCHEIBEN WEISSBROT
4 EL CRÈME FRAÎCHE

1. Hackfleisch, Barbecuesauce, Salz und Pfeffer vermengen und zu zwei länglichen Frikadellen formen.

2. Das Gemüse waschen, putzen und in Scheiben bzw. Streifen schneiden. Den Knoblauch abziehen und hacken. Alles in Butter weich braten. Das Gemüse herausnehmen und die Frikadellen 3 Minuten auf jeder Seite in der Pfanne braten.

3. Das Brot im Toaster oder Ofen aufbacken. Die Frikadellen auf die Brotscheiben verteilen, Gemüse und Crème fraîche zufügen und eine zweite Brotscheibe auflegen. Das Ganze zum Beispiel mit Pommes servieren (Rezept Seite 95).

Pasta pronto

PASTA MIT ZUCCHINI UND CHILI

SOJANUDELN ENTHALTEN MEHR EIWEISS ALS GEWÖHNLICHE PASTA. EINFACH MAL PROBIEREN!

FÜR 4 PERSONEN

400 G SOJANUDELN ODER NORMALE NUDELN
80 G PARMESAN, GERIEBEN
1 EL OLIVENÖL
2 ZUCCHINI (À CA. 300 G)
2 KNOBLAUCHZEHEN, ABGEZOGEN UND ZERDRÜCKT
1 ROTE CHILISCHOTE, ENTKERNT UND FEIN GEHACKT
SALZ UND SCHWARZER PFEFFER
30 G PINIENKERNE, GERÖSTET

1. Die Nudeln nach Packungsanweisung garen und in eine Schüssel geben. Den Parmesan unter die Nudeln rühren und schmelzen lassen.

2. Inzwischen das Olivenöl in einer Pfanne erhitzen. Die Zucchini waschen, putzen und mit einem Gemüsehobel direkt in die Pfanne hobeln. Knoblauch und Chilischote unterrühren und braten, bis die Zucchinistücke leicht gebräunt sind. Salzen und pfeffern.

3. Die Zucchini über den Nudeln verteilen und mit Pinienkernen bestreut servieren.

Sommerliches Mittagessen

LAUWARMER THUNFISCHSALAT

HIER NICHT AM DILL SPAREN! ABER VORSICHT: DER SALAT HAT ECHTES SUCHTPOTENZIAL!

FÜR 2 PERSONEN

400 G KARTOFFELN
1 DOSE THUNFISCH IN WASSER
½ KLEINE ROTE ZWIEBEL
2 EL OLIVENÖL
SALZ UND SCHWARZER PFEFFER
1 BUND DILL

Tipp!

PERFEKT ALS PICKNICK-SALAT. EINFACH IN EINEN BEHÄLTER GEBEN UND DIESEN IN ALUFOLIE WICKELN, DAMIT DER SALAT BEIM PICKNICK IN DER SONNE NOCH LAUWARM IST.

1. Die Kartoffeln schälen (neue Kartoffeln müssen nur abgebürstet, nicht geschält werden) und in gesalzenem Wasser weich kochen. Wer's eilig hat, kann die Kartoffeln vor dem Kochen in Stücke schneiden, dann sind sie schneller gar.

2. Den Thunfisch abgießen und mit einer Gabel auflockern. Die Zwiebel abziehen und in feine Ringe schneiden. Thunfisch und Zwiebel in einer großen Schüssel mit dem Öl verrühren.

3. Die Kartoffeln abgießen und leicht abkühlen lassen. In mundgerechte Stücke schneiden und vorsichtig mit dem Thunfisch vermengen. Salzen und pfeffern. Den Dill waschen, trockenschütteln und mit einer Schere direkt in den Salat schneiden.

4. Mit knusprigem Brot servieren.

gogreen

Wrap it up!

Frisch gewickelt – köstliche Wraps, leicht gemacht

Einfacher geht's nicht

BBQ-CHICKEN-WRAP

DIESE WRAPS SIND NICHT NUR SUPEREINFACH ZUZUBEREITEN, SIE SCHMECKEN AUCH GROSSARTIG.

FÜR 6 PERSONEN

1 GEBRATENES HÄHNCHEN
200 ML BARBECUESAUCE
SALZ UND SCHWARZER PFEFFER
1 AVOCADO
250 G COCKTAILTOMATEN
½ ROTE ZWIEBEL
1 EL OLIVENÖL
6 WEICHE TORTILLAS
1 TOPF KORIANDER, ZERZUPFT UND GEHACKT

1. Das Hähnchenfleisch vom Knochen lösen, klein schneiden und mit der Barbecuesauce verrühren. Erhitzen und mit Salz und Pfeffer abschmecken.

2. Die Avocado schälen und entkernen. Avocado und Tomaten in Stücke schneiden. Die Zwiebel abziehen und fein hacken. Avocado, Tomaten und Zwiebel in einer Schüssel mischen und mit Olivenöl beträufeln.

3. Die Tortillas aufwärmen. Fleisch und Avocadosalat auf den Tortillas verteilen. Mit dem Koriander bestreuen und zu Wraps aufrollen.

Crystal

Lecker gefüllt

ASIATISCHE HOISIN-WRAPS

BEI DIESEM WRAP WIRD KEINE TORTILLA, SONDERN EIN SALATBLATT GEFÜLLT. DAS KOMPLETTE GERICHT LÄSST SICH AUCH PRIMA VEGETARISCH GESTALTEN.

FÜR 3 PERSONEN

2 KNOBLAUCHZEHEN
250 G RINDERHACKFLEISCH HALB UND HALB ODER SOJAHACK
1 EL RAPSÖL
100 G WEISSKOHL
1 STÜCK LAUCH (7 CM)
2 TL FRISCH GERIEBENE INGWERWURZEL
3 EL HOISINSAUCE
SALZ UND SCHWARZER PFEFFER
3 GROSSE BLÄTTER EISBERGSALAT
1/3 SALATGURKE
60 G GERÖSTETE CASHEWKERNE
2 EL SOJASAUCE (OPTIONAL)

1. Den Knoblauch abziehen und zerdrücken. Das Öl in einer Pfanne erhitzen und Hackfleisch und Knoblauch darin leicht anbräunen.

2. Den Weißkohl mit einem Gemüsehobel direkt in die Pfanne raspeln und braten, bis er weich ist.

3. Den Lauch waschen und in feine Ringe schneiden. Mit dem Ingwer unter das Hack rühren. Ein paar Minuten mitbraten. Die Hoisinsauce unterrühren und mit Salz und Pfeffer würzen.

4. Die Mischung auf die Salatblätter verteilen. Die Gurke in Stifte schneiden und mit den Cashewkernen zufügen.

5. Zu Paketen falten. Wer mag, kann den Wrap in Sojasauce dippen.

Süß und scharf

HÄHNCHEN-WRAPS

SAFTIGES HÄHNCHENFLEISCH, AVOCADO, MAIS UND SÜSSE CHILISAUCE IN EINER KÖSTLICHEN TORTILLA – WAS WILL MAN MEHR?

FÜR 2 PERSONEN

1 LIMETTE
2 ENTBEINTE HÄHNCHENOBERSCHENKEL
¼ FRISCHE ROTE CHILISCHOTE, ENTKERNT
1 KNOBLAUCHZEHE
1 EL RAPSÖL
¼ TL SALZ
1 AVOCADO
150 G MAIS AUS DER DOSE
2 WEICHE TORTILLAS

SAUCE
1 EL SÜSSE CHILISAUCE
50 G NATURJOGHURT

1. Die Limette halbieren und auspressen. Das Hähnchenfleisch in Streifen schneiden und eine Viertelstunde im Limettensaft marinieren. Chili und Knoblauch hacken und mit dem Fleisch ein paar Minuten im Öl braten. Salzen.

2. Die Avocado schälen, entkernen und in Spalten schneiden. Den Mais abtropfen lassen.

3. Für die Sauce Chilisauce und Joghurt verrühren. Die Tortillas laut Packungsanweisung aufwärmen. Hähnchenfleisch, Gemüse und Sauce auf die Tortillas verteilen und zu einem Wrap aufrollen.

Pfannkuchen-Wrap

CRÊPES MIT CHAMPIGNONS

PFANNKUCHEN SCHMECKEN IMMER – OB SÜSS ODER HERZHAFT. DURCH DIE CHAMPIGNONSAUCE WERDEN SIE ZUM SÄTTIGENDEN MITTAGESSEN.

FÜR 2 PERSONEN

1 KNOBLAUCHZEHE
250 G CHAMPIGNONS
1 EL BUTTER
½ TL KRÄUTERSALZ
100 G CRÈME FRAÎCHE
4 PFANNKUCHEN (REZEPT SEITE 108)
1 FRÜHLINGSZWIEBEL- ODER SCHNITTLAUCHRÖLLCHEN

1. Den Knoblauch abziehen und zerdrücken. Die Champignons abwischen und in Scheiben schneiden. Mit dem Knoblauch in einer Pfanne in Butter braten, bis sie weich sind.

2. Salzen, Crème fraîche einrühren und einköcheln lassen.

3. Die Füllung auf den Pfannkuchen verteilen. Mit Frühlingszwiebeln oder Schnittlauch bestreuen und aufrollen oder zu einem Wrap falten. Mit dem Krautsalat von Seite 46 servieren.

Tipp! **DIE CREMIGEN CHAMPIGNONS SCHMECKEN AUCH SUPER ZU NUDELN. DIESES REZEPT IST PERFEKT FÜR EIN MITTAGESSEN ZU ZWEIT.**

½ TEASPOON

Perfekt fürs Picknick

APFEL-THUNFISCH-WRAPS

GESUNDER SNACK MIT THUNFISCH, GURKE UND APFEL. DURCH DIE CHILISAUCE LEICHT SCHARF.

FÜR 4 PERSONEN

1 DOSE THUNFISCH IM EIGENEN SAFT
½ SALATGURKE
1 GROSSER APFEL
3 EL CHILISAUCE
100 G CRÈME FRAÎCHE
SALZ UND SCHWARZER PFEFFER
4 GROSSE WEICHE TORTILLAS
1 HANDVOLL ZERZUPFTE SALATBLÄTTER
1 KLEINES BUND GRÜNE SPROSSEN ODER RUCOLA

1. Den Thunfisch in einem Sieb abtropfen lassen und mit einer Gabel auflockern. Eine Hälfte der Gurke hacken, eine Hälfte des Apfels reiben. Die zweite Hälfte von Gurke und Apfel in dünne Stifte schneiden und beiseitestellen.

2. Thunfisch, gehackte Gurke, geriebenen Apfel, Chilisauce und Crème fraîche verrühren. Mit Salz und Pfeffer würzen.

3. Etwas Thunfischmasse mittig in einem Streifen auf den Tortillas verteilen. Salat, Sprossen, Gurken- und Apfelstifte zufügen, die Seiten der Tortilla nach innen klappen, aufrollen und mit einem scharfen Messer mittig schräg durchschneiden. Sofort servieren oder in Frischhaltefolie wickeln und mit zum Picknick nehmen.

Easy being green!

Alles im grünen Bereich – leckere Veggie-Gerichte

Tipp! Die perfekte Vorspeise zu einem
Fleisch- oder Fischgericht. Pro Person
eine halbe Portion servieren.

Blitzschnell und superlecker

ROHKOSTSALAT

DER ANGESAGTE RAW-FOOD-TREND IST GANZ LEICHT UMZUSETZEN, WIE DIESER SALAT BEWEIST.

FÜR 4 PERSONEN

250 G FRISCHER BROKKOLI
250 G FRISCHER BLUMENKOHL
1 KNOBLAUCHZEHE, ABGEZOGEN UND ZERDRÜCKT
½ ROTE ZWIEBEL
125 G GEPALTE TK-EDAMAME (SOJABOHNEN, AUS DEM ASIA-LADEN)
6 SONNENGETROCKNETE TOMATEN
1 HANDVOLL FRISCHE SPINAT- ODER RUCOLABLÄTTER, VERZEHRFERTIG
2½ EL FRISCH GEHACKTE MINZE

ZUM SERVIEREN
HONIGDRESSING (REZEPT SEITE 98)

1. Brokkoli und Blumenkohl waschen, den Knoblauch abziehen. Alles im Standmixer oder mit dem Stabmixer fein zerkleinern. Nur kurz mixen, nicht pürieren.

2. Die Zwiebel abziehen und in feine Ringe schneiden. Die Edamame 1 Minute unter kaltem Wasser abspülen. Die Tomaten hacken.

3. Alle Zutaten in einer Salatschüssel mischen und mit dem Honigdressing servieren.

farbenfroh und köstlich

SÜSSKARTOFFELSUPPE

EIN TELLER DIESER FARBENFROHEN SUPPE MACHT NICHT NUR SATT, SONDERN AUCH GLÜCKLICH.

FÜR 3 PERSONEN

1 GROSSE SÜSSKARTOFFEL
2 KAROTTEN
1½ BRÜHWÜRFEL
800 ML WASSER
SALZ UND SCHWARZER PFEFFER
3 EL CRÈME FRAÎCHE
BROT, ZUM SERVIEREN

1. Süßkartoffel und Karotten schälen. Die Süßkartoffel in dicke Scheiben, die Karotten in dünne Scheiben schneiden und in einen Topf geben.

2. Den Brühwürfel darüberbröseln, alles mit dem Wasser bedecken und dieses zum Kochen bringen. Abgedeckt etwa 10 Minuten kochen, bis das Gemüse gar ist.

3. Die Suppe direkt im Topf mit einem Stabmixer oder in einem Mixer glatt pürieren. Mit Salz und Pfeffer würzen.

4. Auf Suppenteller verteilen und mit etwas Crème fraîche garnieren. Mit Brot servieren.

Tipp! **AUCH LECKER MIT GERÖSTETEN SONNENBLUMENKERNEN UND ZERBRÖCKELTEM FETA.**

Sommerlich frisch

MELONEN-HALLOUMI-SALAT

SÜSSE MELONE UND SALZIGER HALLOUMI IN EINEM SOMMERLICHEN SALAT. AUCH KÖSTLICH ZU GEGRILLTEM HÄHNCHENFLEISCH.

FÜR 4 PERSONEN

150 G QUINOA ODER BULGUR
70 G GEMISCHTER GRÜNER SALAT
250 G GEPALTE TK-EDAMAME (SOJABOHNEN, AUS DEM ASIA-LADEN)
700 G WASSERMELONE
200 G HALLOUMI (GRILLKÄSE)
1 EL OLIVENÖL
60 G GRANATAPFELKERNE
40 G GERÖSTETE SONNENBLUMENKERNE

ZUM SERVIEREN
HONIGDRESSING
MINZESAUCE (REZEPTE SEITE 98)

1. Quinoa oder Bulgur nach Packungsanweisung garen. Mit einer Gabel auflockern und abkühlen lassen.

2. Den Salat waschen, trocken schleudern und in eine Salatschüssel geben. Die Edamame nach Packungsanweisung zubereiten und unter die Quinoa oder den Bulgur rühren. Das Fruchtfleisch der Melone würfeln und untermengen.

3. Den Halloumi würfeln und in Olivenöl braten oder in Scheiben schneiden und grillen. Den Halloumi auf dem Salat verteilen und mit Granatapfelkernen und gerösteten Sonnenblumenkernen bestreuen. Mit Honigdressing oder Minzesauce servieren.

Einfach, gut und günstig

KARTOFFEL-SCHNITTLAUCH-SUPPE

VEGGIE-SUPPE MIT SAMTWEICHER TEXTUR – PERFEKT MIT KNUSPRIGEM BROT.

FÜR 2 PERSONEN

2 GROSSE KARTOFFELN
1 STÜCK LAUCH (CA. 10 CM)
½ EL BUTTER
500 ML WASSER
½ BRÜHWÜRFEL ODER
½ EL GEKÖRNTE BRÜHE
2 EL CRÈME FRAÎCHE
2 EL PETERSILIE ODER
SCHNITTLAUCH, FRISCH GEHACKT
SALZ UND SCHWARZER PFEFFER

1. Die Kartoffeln schälen und den Lauch waschen und putzen. Beides in dünne Scheiben schneiden.

2. Die Butter in einem großen Topf zerlassen und Kartoffeln und Lauch darin einige Minuten dünsten. Das Wasser zugießen und den Brühwürfel oder die gekörnte Brühe zufügen.

3. Abgedeckt etwa 15 Minuten köcheln lassen, bis die Kartoffeln gar sind. Die Suppe direkt im Topf mit einem Stabmixer oder im Standmixer glatt pürieren. Mit Salz und Pfeffer würzen.

4. Mit einem Esslöffel Crème fraîche und gehackter Petersilie oder gehacktem Schnittlauch servieren.

DECK DEN TOPF BEIM PÜRIEREN MIT EINEM GESCHIRRTUCH AB, UM DICH NICHT AN EVENTUELLEN SPRITZERN ZU VERBRENNEN!

Würzig mit wenig Mühe

DUFTIGES KORMA

EINE GANZ EINFACHE VARIANTE DES INDISCHEN KORMA MIT SALZIGEM HALLOUMI UND SÜSSEN ROSINEN.

FÜR 4 PERSONEN

1 ZWIEBEL
2 + 1 EL RAPSÖL
2 TL CHILIPULVER
2½ TL ZIMT
2½ TL KURKUMA
2½ TL GEMAHLENER KARDAMOM
2 DOSEN GESCHÄLTE TOMATEN (À 400 G)
500 G FRISCHER ODER TK-BLUMENKOHL
150 G SAHNE, HAFER- ODER SOJADRINK
½ TL SALZ
70 G CASHEWKERNE
200 G HALLOUMI (GRILLKÄSE)
60 G ROSINEN

1. Die Zwiebel abziehen und fein reiben. Zwei Esslöffel Öl in einer Pfanne erhitzen und Zwiebel und Gewürze darin ein paar Minuten braten.

2. Die Tomaten zufügen und mit einer Gabel zerdrücken. Den Blumenkohl in kleine Röschen zerteilen und in der Sauce köcheln, bis er gar ist.

3. Sahne, Salz und Cashewkerne zufügen und ein paar Minuten weiterköcheln. Bei Bedarf mit mehr Salz abschmecken.

4. Den Halloumi würfeln und in einer Pfanne in Öl rundum anbräunen. Das Korma mit Halloumi und Rosinen bestreuen und mit Reis servieren.

Beilagensalate

HOL DIR MIT EINEM BEILAGENSALAT DIE NÖTIGE PORTION VITAMINE! DIE FOLGENDEN EINFACHEN REZEPTE SIND SCHNELL GEMACHT, WÄHREND DIE PIZZA IM OFEN BACKT. DIE REZEPTE SIND FÜR 4 PERSONEN AUSGELEGT.

KRAUTSALAT

100 G WEISSKOHL, GERASPELT
1 STÜCK LAUCH (10 CM), IN RINGEN
45 ML OLIVENÖL
1 EL WEISSER BALSAMICO ODER WEISSWEINESSIG
½ EL FLÜSSIGER HONIG
½ TL SALZ
½ TL GEMAHLENER SCHWARZER PFEFFER

Weißkohl und Lauch in eine Schüssel geben. Mit Öl, Essig und Honig beträufeln und großzügig mit Salz und Pfeffer bestreuen. Bei Zimmertemperatur kurz durchziehen lassen. Passt zu Pizza und Lasagne.

GUACAMOLE-SALAT

1 AVOCADO, GEWÜRFELT
⅓ ROTE CHILISCHOTE, ENTKERNT, FEIN GEHACKT
1 EL FEIN GEHACKTE ROTE ZWIEBEL
10 COCKTAILTOMATEN, HALBIERT
1 EL OLIVENÖL
1 EL FRISCH GEPRESSTER ZITRONENSAFT

Alle Zutaten in einer Salatschüssel verrühren. Passt zu Fisch, Fleisch und Geflügel. Noch ein bisschen Bulgur, Couscous oder Quinoa untermengen – und fertig ist der perfekte Salat zu gegrilltem Fleisch oder Fisch.

MANGO-TOMATEN-SALAT

125 G FRISCHE ODER TK-MANGO, GEWÜRFELT
250 G COCKTAILTOMATEN, HALBIERT
1 HANDVOLL GEMISCHTE SALATBLÄTTER
2 EL FRISCH GEHACKTER KORIANDER
½ FEIN GEHACKTE ROTE ZWIEBEL
SAFT VON 1 LIMETTE

Gefrorene Mango auftauen lassen. Die Mangowürfel mit Tomaten, Salatblättern, Koriander und Zwiebel mischen. Mit Limettensaft beträufeln. Passt zu Fisch, Fleisch und Geflügel. Nach Belieben kann man noch ein bisschen Bulgur, Couscous oder Quinoa untermengen.

KAROTTEN-ORANGEN-SALAT

2 KAROTTEN, GROB GERIEBEN
1 BLUTORANGE, IN STÜCKE GESCHNITTEN
2 EL ROSINEN

Alle Zutaten vermengen. Passt zu Fisch, Fleisch und Geflügel.

ASIATISCHER GURKEN-APFEL-SALAT

2 EL ZUCKER
2 EL BALSAMICO ODER WEISSWEINESSIG
1 EL RAPSÖL
½ SALATGURKE, IN STIFTE GESCHNITTEN
1 FRÜHLINGSZWIEBEL, GEHACKT
½ ROTER APFEL, GERIEBEN
MEERSALZ- UND CHILIFLOCKEN

Zucker, Essig und Öl verquirlen. Gurke, Zwiebel und Apfel zufügen und rühren, bis der Zucker aufgelöst ist. Mit Meersalz- und Chiliflocken bestreuen. Passt zu asiatischen Gerichten.

Schön scharf

CHILINUDELN MIT EDAMAME

ASIATISCHE NUDELN MÜSSEN OFT NUR EINGEWEICHT WERDEN UND SIND DAHER RATZFATZ GAR. VOLLWERTIGER WIRD DAS GERICHT MIT GARNELEN.

FÜR 4 PERSONEN

250 G REISNUDELN
3 KNOBLAUCHZEHEN
1 ROTE CHILISCHOTE, ENTKERNT
3 EL RAPSÖL
100 ML WASSER
500 G BROKKOLI, IN RÖSCHEN
280 G GEPALTE TK-EDAMAME (SOJABOHNEN, AUS DEM ASIA-LADEN)
2 EL FISCH- ODER SOJASAUCE
60 G ERDNÜSSE
2 TL SESAMÖL

1. Die Nudeln nach Packungsanweisung garen. Den Knoblauch abziehen, die Chilischote waschen, entkernen und hacken. Knoblauch und Chili auf mittlerer Stufe in einem Wok oder Topf mit Öl ein paar Minuten braten.

2. Wasser, Brokkoli, Edamame und Fisch- oder Sojasauce zufügen und abgedeckt ein paar Minuten gar köcheln.

3. Nudeln und Erdnüsse zugeben und mit Sesamöl beträufeln.

Pasta perfetto

VEGGIE-LASAGNE

DIE ZUBEREITUNG EINER LASAGNE MUSS KEINE STUNDEN DAUERN! HIER EINE SCHNELLE VERSION MIT LEIBGERICHT-POTENZIAL.

FÜR 4 PERSONEN

1 EL RAPSÖL
65 G BABYSPINAT
2 KNOBLAUCHZEHEN, ABGEZOGEN UND ZERDRÜCKT
2 EL BUTTER
2 DOSEN TOMATEN IN STÜCKEN (À 400 G)
200 G CRÈME FRAÎCHE
½ TL SALZ
¼ TL GEMAHLENER SCHWARZER PFEFFER
9 LASAGNEPLATTEN
150 G FETA, ZERBRÖCKELT
100 G GERIEBENER KÄSE

1. Den Backofen auf 200 °C vorheizen. Eine Auflaufform (20 cm x 30 cm) mit Rapsöl einfetten.

2. Spinat und Knoblauch ein paar Minuten in einem Topf in Butter braten. Die Tomaten zufügen und aufkochen. Die Crème fraîche einrühren und alles einige Minuten köcheln lassen. Mit Salz und Pfeffer würzen.

3. Tomatensauce, Feta und Lasagneplatten abwechselnd in die Form schichten. Mit Tomatensauce beginnen und enden, oben mit Käse bestreuen.

4. 30 Minuten in der Mitte des Ofens backen, bis die Nudeln gar sind. Nach 20 Minuten mit Alufolie abdecken, damit die Oberfläche nicht verbrennt.

5. Zum Beispiel mit dem Krautsalat von Seite 46 servieren.

für Pasta, Pizza oder als Suppe

TOMATENSAUCE DE LUXE

DIESE SAUCE EIGNET SICH ALS BASIS FÜR VIELE GERICHTE. AM BESTEN GLEICH EINE RIESENMENGE ZUBEREITEN UND IN KLEINEN PORTIONEN EINFRIEREN.

ERGIBT CA. 200 G SAUCE

2 EL OLIVENÖL
1 DOSE GESCHÄLTE TOMATEN (CA. 400 G)
2 KNOBLAUCHZEHEN, ABGEZOGEN UND ZERDRÜCKT
1 TL GETROCKNETES BASILIKUM
EINIGE SPRITZER TABASCO
1 EL BALSAMICO
1 TL HONIG
SALZ UND SCHWARZER PFEFFER

1. Das Olivenöl in einem Topf oder einer Pfanne erhitzen.

2. Tomaten, Knoblauch, Basilikum, Tabasco, Balsamico und Honig hineingeben, die Tomaten mit einer Gabel zerdrücken. Etwa 20 Minuten auf kleiner Stufe ohne Deckel einköcheln lassen.

3. Mit Salz und Pfeffer würzen.

PASTASAUCE: Die Sauce mit 100 g Crème fraîche aufkochen und mit frisch gekochten Nudeln und geriebenem Parmesan servieren. Für zwei Portionen.

SUPPE: 500 ml Gemüsebrühe zufügen und ein paar Minuten köcheln. Reicht für zwei große Portionen Suppe. Mit Crème fraîche oder Joghurt und etwas Feta servieren.

PIZZA: Diese Menge Tomatensauce reicht für ein Blech Pizza. Die Sauce lässt sich auch für Lasagne oder Hackfleischsauce verwenden.

Schmeckt nach Sommer

ERDBEER-BOHNEN-COUSCOUS

PERFEKT FÜR EIN SOMMERFEST. AUCH LECKER MIT GEGRILLTEM HÄHNCHEN ODER HALLOUMI.

FÜR 4 PERSONEN

150 G COUSCOUS
2 AVOCADOS
½ ROTE ZWIEBEL
1 DOSE WEISSE BOHNEN (CA. 380 G)
350 G FRISCHE ERDBEEREN
4 EL KÜRBISKERNE
70 G BABYSPINAT

ZUM SERVIEREN
HONIGDRESSING (REZEPT SEITE 98)

1. Den Couscous nach Packungsanweisung garen. Die Avocado schälen, entkernen und in Stücke schneiden. Die Zwiebel abziehen und in dünne Ringe schneiden. Die Bohnen unter kaltem Wasser abspülen und abtropfen lassen. Die Erdbeeren putzen und in kleine Stücke schneiden.

2. Die Kürbiskerne für noch mehr Geschmack kurz in einer trockenen, heißen Pfanne rösten. Alle Zutaten bis auf die Kürbiskerne mischen. Den Salat in eine Salatschüssel füllen, mit dem Honigdressing beträufeln, mit Kürbiskernen bestreuen und mit knusprigem Brot servieren.

Gut zu wissen

MANCHMAL IST ES SCHWER ZU BEURTEILEN, OB FLEISCH ODER FISCH SCHON GAR SIND. WER JEDOCH DIE INNENTEMPERATUR MIT EINEM BRATENTHERMOMETER MISST, KANN ZÄHE STEAKS ODER TROCKENEN FISCH VERMEIDEN. SOLCHE THERMOMETER SIND NICHT TEUER UND LEICHT ANZUWENDEN: EINFACH IN DEN DICKSTEN TEIL DES FLEISCHES EINSTECHEN.

56° Der Fisch ist gar. Bei einem ganzen Fisch muss man das Thermometer an der dicksten Stelle am Rückgrat einstechen. Thunfisch sollte in der Mitte noch roh sein und ist bei einer Kerntemperatur von 30 °C gar.

70° Perfekte Kerntemperatur für Schweinefleisch. Schweinebraten bei einer Kerntemperatur von 68 °C aus dem Ofen nehmen und in Alufolie 15 Minuten ruhen lassen, bis 70 °C erreicht sind.

60° Rindfleisch ist bei einer Kerntemperatur von 55–70 °C fertig, je nachdem, ob es durchgebraten, medium oder roh sein soll. Rindernacken, Rinderbrust, Oberschale und Schulter sind bei 80 °C soweit.

70° Jetzt ist Hühnerfleisch gar. Ebenso wie Schweinefleisch muss Hühnerfleisch immer ganz durchgebraten sein. Hühnerteile mit Knochen oder ein ganzes Huhn sind erst bei 82 °C gar; am Schenkel messen.

62° Das Lammfleisch ist fertig. Man kann es durchgebraten, medium oder blutig servieren (58–70 °C Kerntemperatur). Lammbraten braucht mindestens 60 °C.

BEI OBST UND GEMÜSE HÄNGT ES VON DER SORTE UND DEM REIFEGRAD AB, BEI WELCHER TEMPERATUR SIE GELAGERT WERDEN SOLLTEN.

8° Brokkoli, Gurke, Zucchini, Lauch, Weißkohl, Rotkohl, Blumenkohl, Paprika, Rote Bete, Karotten und reifes Obst halten sich am besten in einem Frischhaltebeutel im unteren Teil des Kühlschranks. Bei reifer Avocado, Netzmelone, Honigmelone, Knoblauch und Frühlingszwiebeln den Beutel weglassen. Pilze im Papierbeutel aufbewahren, damit sie nicht schwitzen. Salat in einem feuchten Beutel verpackt im oberen Teil des Kühlschranks aufbewahren. Kartoffeln trocken, kühl und dunkel lagern, sonst bilden sich giftige grüne Stellen.

20° Tomaten, Bananen, unreife Avocado, Zwiebeln und Mango kann man bei Zimmertemperatur lagern. Generell gilt: unreifes Obst bei Zimmertemperatur und reifes im Kühlschrank aufbewahren. Zitrusfrüchte und Bananen sind jedoch kälteempfindlich und gehören nicht in den Kühlschrank. Eine unreife Avocado reift schneller, wenn man sie mit ein paar Äpfeln in einem Frischhaltebeutel verschließt. Mangos reifen in Zeitungspapier eingeschlagen rascher.

Etwas Erde in eine saubere Konservendose füllen, eine kleine Handvoll Trockenerbsen (für Sprossen geeignet) hineindrücken und etwas Erde darüberstreuen. Jeden Tag wässern.

Nach einer Woche kannst du leckere Erbsensprossen für Salate, Omeletts oder ein Sandwich ernten!

Chicken in my kitchen
Da lachen ja die Hühner – neue Lieblingsgerichte mit Hühnerfleisch

SPRID
DINA
GODA
VANOR!
Arla
KRAV

Das ultimative Lieblingssandwich

SANDWICH MIT HÄHNCHEN UND KAROTTENPESTO

DAS DÜNN GESCHNITTENE HÄHNCHENBRUSTFILET IST IM NU GAR, UND DAS KAROTTENPESTO SUPERSCHNELL GEMACHT. BESONDERS LECKER AUF ROGGENSAUERTEIGBROT.

FÜR 1 PERSON

2 GROSSE ODER 4 KLEINE BROTSCHEIBEN
1 HÄHNCHENBRUSTFILET
SALZ UND SCHWARZER PFEFFER
1 EL RAPSÖL
2 BLÄTTER EISBERGSALAT

KAROTTENPESTO

2 KAROTTEN
½ TL SALZ
1 KNOBLAUCHZEHE, ABGEZOGEN
1 TL GETROCKNETES BASILIKUM
50 G GERIEBENER PARMESAN
90 ML OLIVENÖL
30 G PINIENKERNE

1. Für das Karottenpesto die Karotten schälen, fein reiben und mit den restlichen Zutaten im Standmixer zu einem Pesto zerkleinern.

2. Die Hähnchenbrust in zwei dünne Filets schneiden. Salzen, pfeffern und ein paar Minuten auf jeder Seite in Öl braten. Einschneiden, um zu prüfen, ob das Fleisch gar ist. Das Fleisch sollte weiß und der austretende Saft klar sein. Große Brotscheiben halbieren. Das Brot goldbraun rösten.

3. Das Fleisch auf zwei bzw. vier Brotscheiben verteilen. Mit reichlich Pesto bestreichen, mit je einem Salatblatt belegen und eine zweite Brotscheibe aufsetzen.

Tipp! **PESTO-RESTE SCHMECKEN SUPER MIT FRISCH GEKOCHTEN, HEISSEN NUDELN.**

Ein Hauch von Asien

COCONUT THAI CHICKEN

SAHNIGE KOKOSMILCH UND AROMATISCHES ZITRONENGRAS SIND EIN PERFEKTES TEAM – UND DIE KOKOSCHIPS BILDEN DAS I-TÜPFELCHEN!

FÜR 4 PERSONEN

3 HÄHNCHENBRUSTFILETS
1 EL BUTTER ODER ÖL
1 TL GETROCKNETES ZITRONENGRAS
1–2 KNOBLAUCHZEHEN, ABGEZOGEN UND ZERDRÜCKT
SALZ UND SCHWARZER PFEFFER
1 STÜCK LAUCH (10 CM)
1 KAROTTE
1 DOSE KOKOSMILCH (CA. 400 ML)
1 WÜRFEL HÜHNERBRÜHE, ZERBRÖSELT
25 G GERÖSTETE KOKOSRASPEL ODER KOKOSCHIPS

1. Das Fleisch in Streifen schneiden und in Butter oder Öl leicht anbräunen.

2. Mit Zitronengras, Knoblauch, Salz und Pfeffer würzen, dann einige Minuten weiterbraten. Den Lauch waschen, putzen und in Streifen schneiden. Die Karotte schälen und reiben. Lauch und Karotte zum Fleisch geben. Braten, bis sie glasig sind, aber nicht anbräunen.

3. Kokosmilch und Brühwürfel einrühren, 5 Minuten kochen lassen. Ein Fleischstück einschneiden, um zu prüfen, ob es gar ist. Das Fleisch sollte weiß und der austretende Saft klar sein.

4. Mit Reis oder Nudeln servieren und mit Kokosraspeln oder -chips garnieren.

ZITRONENGRAS IN PULVERFORM IST LEICHTER ZU VERWENDEN ALS FRISCHE ZITRONENGRASSTÄNGEL.

Einfach und lecker

MARINIERTE HÄHNCHENSCHENKEL

HIER WIRD DAS HÄHNCHENFLEISCH MARINIERT, WÄHREND DER REIS KOCHT UND DER TISCH GEDECKT WIRD.

FÜR 3 PERSONEN

6 HÄHNCHENUNTERSCHENKEL
1 EL RAPSÖL
SALZ UND SCHWARZER PFEFFER
1 EL SESAMÖL
1 EL SOJASAUCE
2 EL HOISINSAUCE

ZUM SERVIEREN
SOJASAUCE + SESAMÖL

ZUSÄTZLICH MIT GERÖSTETEM SESAM BESTREUEN!

1. Den Backofen auf 225 °C vorheizen oder den Backofengrill einschalten. Die Hähnchenschenkel mit Rapsöl bestreichen, salzen und pfeffern. Auf einen Rost legen und in den Ofen schieben. Darunter eine mit Backpapier oder Alufolie ausgelegte Fettpfanne platzieren, die das austretende Fett auffängt.

2. 20 Minuten im Ofen grillen, nach 10 Minuten wenden. Unterdessen Sesamöl, Sojasauce und Hoisinsauce in einer großen Schüssel verquirlen.

3. Die fertigen Hähnchenschenkel gründlich in der Marinade wenden und mindestens 10 Minuten ziehen lassen. Die Sojasauce mit ein paar Tropfen Sesamöl in ein Schälchen geben und mit Reis und dem Gurken-Apfel-Salat von Seite 46 zum Hähnchen servieren.

Leicht und lecker

CHICKEN RAMEN

KÖSTLICHE, SÄTTIGENDE SUPPE, DIE MAN MIT DEM LÖFFEL UND MIT STÄBCHEN ESSEN KANN.

FÜR 2 PERSONEN

2 ENTBEINTE HÄHNCHENOBERSCHENKEL
6 CHAMPIGNONS
1 TL RAPSÖL
SCHWARZER PFEFFER
1 KNOBLAUCHZEHE, ABGEZOGEN UND ZERDRÜCKT
1 STÜCK LAUCH (7 CM)
3 TL SESAMÖL
1–2 EL SOJASAUCE
1 GROSSE HANDVOLL BABYSPINAT
2 TL GETROCKNETES ZITRONENGRAS
1 L WASSER
2 WÜRFEL HÜHNERBRÜHE, ZERBRÖCKELT
150 G ASIATISCHE NUDELN NACH WAHL

1. Das Fleisch in Stücke schneiden, die Champignons putzen und in Scheiben schneiden. Das Öl in einer Pfanne erhitzen und das Fleisch darin mit etwas Pfeffer und Knoblauch anbraten. Die Champignons zufügen und ein paar Minuten mitbraten.

2. Alles in einen Topf geben. Den Lauch waschen, putzen und in Ringe schneiden. Mit Sesamöl, Sojasauce, Babyspinat, Zitronengras, Wasser, Brühwürfel und Nudeln in den Topf geben. 5 Minuten garen, anschließend in Suppenschalen servieren.

Supereinfach und supersättigend

HANNAS HÄHNCHEN-PASTA

SAHNIGE NUDELN MIT HÜHNERFLEISCH, SPECK UND BALSAMICO.

FÜR 4 PERSONEN

140 G FRÜHSTÜCKSSPECK
2 HÄHNCHENBRUSTFILETS
SALZ UND SCHWARZER PFEFFER
100 G SAHNE
100 ML MILCH
2 EL BALSAMICO
400 G NUDELN
GERIEBENER PARMESAN, ZUM SERVIEREN

1. Den Speck klein schneiden und ein paar Minuten in einer Pfanne ohne Fett auslassen. Auf Küchenpapier abtropfen lassen.

2. Die Hähnchenfilets in sechs Stücke schneiden. Mit Salz und schwarzem Pfeffer würzen und in der Pfanne rundum anbräunen.

3. Sahne, Milch und Balsamico zugießen und alles etwa 10 Minuten einköcheln. Unterdessen die Nudeln kochen. Prüfen, ob das Hühnerfleisch gar ist. Das Fleisch sollte weiß und der austretende Saft klar sein.

4. Sauce und Fleisch gut vermengen. Zum Servieren mit Speck und Parmesan bestreuen.

Leftovers

ESSENSRESTE NIEMALS WEGWERFEN, SONDERN LIEBER IN TOLLE GERICHTE VERWANDELN! HIER EIN PAAR TIPPS, WIE MAN RESTEN EIN ZWEITES LEBEN SCHENKT.

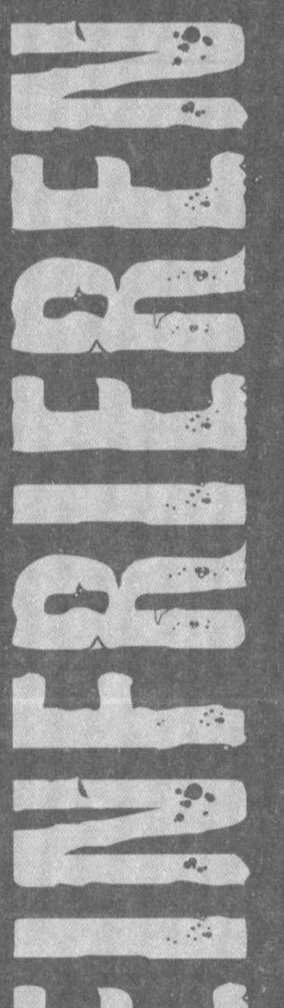

Viele Reste lassen sich gut einfrieren. Einfach portionsweise in Gefrierbehälter füllen und bei Bedarf aufwärmen. Deshalb von Lieblingsgerichten gleich große Mengen kochen.

Reis, Quinoa und Bulgur lassen sich gut einfrieren. Nudeln werden im Gefrierfach leicht matschig, aber zusammen mit Sauce klappt es ganz gut. Auch Lasagne ist gefriertauglich. Kartoffeln werden beim Einfrieren mehlig, aber Kartoffelgratin eignet sich gut.

Sahne-, Crème-fraîche- und Kokosmilchreste in Eiswürfelformen einfrieren. Perfekt für Saucen und Suppen.

Richte im Gefrierfach einen Behälter für Fleischreste ein, aus denen du zusammen mit gekochten Kartoffeln, Zwiebeln und Speck ein tolles Restegericht zubereiten kannst. Es lohnt sich auch, Fleisch im Angebot in größeren Mengen einzukaufen und einzufrieren. Aus Hackfleisch am besten direkt Burger formen, auf ein Brettchen geben, mit Frischhaltefolie abdecken und einfrieren. Nach ein paar Stunden in Gefrierbeutel füllen. So sind immer frische Burger zur Hand.

Mit Gefrierbeuteln anstelle von Behältern lässt sich Platz sparen. Den Inhalt flach drücken, dann taut er schneller auf!

Käseenden ebenfalls einfrieren und bei Bedarf für ein Gratin oder eine Pizza reiben. Betagteres Obst wie leicht braune Bananen, einfrieren und für Smoothies verwenden.

RESTEPFANNE

Fleisch- oder Fischreste in Stücke schneiden und mit gewürfelten Kartoffeln oder Reis (beides gegart) in Butter braten. Noch frischen Rucola oder Babyspinat und Käsewürfel (Hartkäse oder Feta) zufügen und den Käse unter Rühren schmelzen lassen. Mit Spiegelei und eingelegter Roter Bete servieren.

SUPPE

Gekochte, gebratene oder gegrillte Gemüsereste lassen sich gut in eine Suppe verwandeln. Einfach mit heißer Brühe pürieren und mit etwas Crème fraîche in einem Topf aufkochen. Mit Weißbrotscheiben servieren, die du mit geriebenem Parmesan im Ofen gratinierst.

SANDWICHES UND ENCHILADAS

Reste von Hackfleischsauce und gegartem Gemüse lassen sich in ein Sandwich oder eine Enchilada verwandeln. Für Ersteres Brotscheiben mit Tomatensauce oder Ketchup bestreichen, die Reste auflegen und mit geriebenem Käse oder Käsescheiben belegen. Im auf 225 °C vorgeheizten Ofen goldbraun überbacken. Für Letzteres die Reste in Tortillas aufrollen, in einer Auflaufform mit einer Dose passierte Tomaten übergießen, mit geriebenem Käse bestreuen und im Ofen überbacken.

Tu was!

Pro Person werfen wir jährlich etwa 82 kg Lebensmittel weg, das entspricht etwa 300 Euro im Jahr. Singlehaushalte werfen pro Kopf die meisten Nahrungsmittel weg.

Muss das sein?

Nein! Und jeder kann etwas beitragen, denn die meisten Nahrungsmittel, die im Müll landen, sind Essensreste.

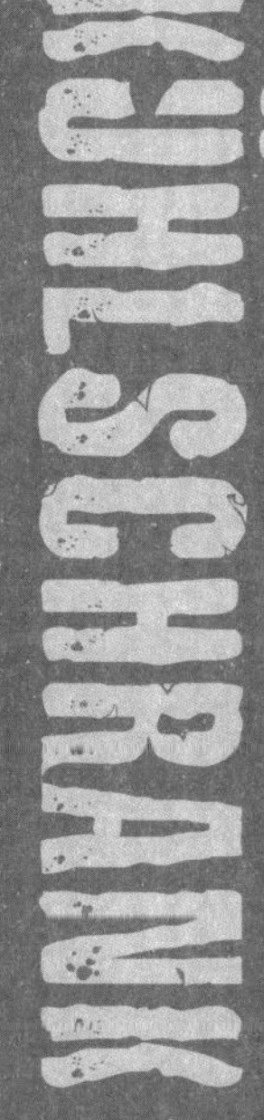

Im Kühlschrank halten sich Essensreste oft bis zu einer Woche. Wenn sie noch gut riechen und schmecken, lassen sie sich problemlos verzehren. Damit keine Keime entstehen, sollten Reste in den Kühlschrank wandern, sobald sie abgekühlt sind. Das gilt besonders für Reis.

Wenn man die Temperatur im Kühlschrank auf + 5 °C reduziert, kann man die Haltbarkeit um ein paar Tage verlängern.

NUDELN

Aus übrig gebliebenen Nudeln lässt sich ein leckeres Gratin machen. Dafür Nudeln, etwas geriebenen Käse, etwas Crème fraîche oder Sahne, geräucherten Schinken oder Salami, eine kleine Dose Mais, gebratene Zwiebel und Paprika mischen, in eine Auflaufform geben und mit geriebenem Käse bestreuen. Im auf 225 °C vorgeheizten Ofen goldbraun überbacken. Bratwurst, Grillhähnchen, Feta und Cocktailtomaten sind auch gut für ein Gratin geeignet.

QUICHE

Übrig gebliebene Hackfleischsauce, Hühnchenreste und gegartes Gemüse kann man zu einer Quiche verarbeiten. Für den Teig 180 g Mehl und 125 g Butter verkneten. 3 EL Wasser untermengen und den Teig in eine Quicheform drücken. Mit einer Gabel mehrfach einstechen und im Kühlschrank ruhen lassen. Derweil den Ofen auf 225 °C vorheizen. 3 Eier, 300 ml Milch, Salz und schwarzen Pfeffer verquirlen. Den Boden 10 Minuten vorbacken, die Füllung hineingeben und mit der Eiermasse übergießen. 35 Minuten goldbraun backen.

Gone fishing!

Wie ein Fisch im Wasser – Fischrezepte, lecker und gesund

Gigantisch gut

LACHS MIT CHILI UND FETA

FETACREME ANRÜHREN, AUF DEM LACHS VERSTREICHEN UND IN DEN OFEN SCHIEBEN – FERTIG!

FÜR 4 PERSONEN

500 G FRISCHES ODER TK-LACHSFILET
150 G FETA
200 G CRÈME FRAÎCHE
1½ EL FRISCH GEHACKTE PETERSILIE
1 ROTE CHILISCHOTE, ENTKERNT UND FEIN GEHACKT
SALZ UND SCHWARZER PFEFFER

1. Den Backofen auf 200 °C vorheizen. Den Lachs in eine eingefettete Auflaufform legen, salzen und pfeffern.

2. Den Feta zerdrücken und mit Crème fraîche, Petersilie und Chili verrühren. Salzen und pfeffern. Die Creme auf dem Lachs verstreichen und alles etwa 15 Minuten backen. Die Kerntemperatur (siehe Seite 56) sollte 56 °C betragen.

3. Mit Reis oder Kartoffeln und einem grünen Salat servieren.

Supereinfach

LACHS IN ROTER CURRYSAUCE

EIN UNKOMPLIZIERTES EINTOPFGERICHT MIT ROTEM CURRYPULVER, INGWER UND LIMETTE, DAS ALLTAGS- UND FESTTAGSTAUGLICH IST.

FÜR 4 PERSONEN

10 FRISCHE CHAMPIGNONS
1 STÜCK LAUCH (10 CM)
1 EL RAPSÖL
1½ EL FRISCH GERIEBENE INGWERWURZEL
1 TL ROTES THAI-CURRYPULVER
SAFT VON 1 LIMETTE
1 DOSE KOKOSMILCH (CA. 400 ML)
1½ EL FISCHSAUCE
250 G NUDELN
500 G FRISCHES ODER TK-LACHSFILET
SALZ UND PFEFFER

1. Die Champignons abbürsten und in Stücke schneiden. Den Lauch waschen, putzen und in Ringe schneiden. Beides in einer Pfanne auf mittlerer Stufe in Öl braten, bis die Pilze weich sind. Der Lauch darf keine Farbe annehmen.

2. Ingwer und Currypulver zufügen und einige Minuten mitbraten.

3. Limettensaft, Kokosmilch und Fischsauce einrühren und auf kleiner Stufe ein paar Minuten einköcheln lassen. Unterdessen die Nudeln nach Packunganweisung garen.

4. Falls vorhanden, die Haut vom Lachs entfernen und den Fisch in Würfel schneiden (2 cm x 2 cm). In die Sauce legen und auf kleiner Stufe 5 Minuten gar köcheln. Die Nudeln unterrühren. Wer will, kann noch etwas mehr Limettensaft darüberträufeln. Mit Salz und Pfeffer würzen und servieren.

Megalecker

CREMIGE THUNFISCH-PASTA

THUNFISCH AUS DER DOSE IST NICHT NUR LECKER, ER IST AUCH PREISGÜNSTIG. WIR HABEN IMMER EIN PAAR DOSEN AUF VORRAT.

FÜR 4 PERSONEN

400 G NUDELN
5 FRISCHE CHAMPIGNONS
1 STÜCK LAUCH (10 CM)
1 EL RAPSÖL
1 DOSE THUNFISCH IM EIGENEN SAFT
1 TL CURRYPULVER
1 TL PAPRIKAPULVER EDELSÜSS
4 SONNENGETROCKNETE TOMATEN
200 G CRÈME FRAÎCHE
50 ML CHILISAUCE

1. Die Nudeln nach Packungsanweisung garen. Die Champignons abwischen und in Stücke schneiden. Den Lauch waschen und putzen und in Ringe schneiden. Pilze und Lauch in einer Pfanne auf mittlerer Stufe in Öl braten, bis die Pilze weich sind.

2. Den Thunfisch abgießen und mit einer Gabel auflockern. In die Pfanne geben, mit Curry- und Paprikapulver würzen und ein paar Minuten mitbraten.

3. Die Tomaten hacken. Mit Crème fraîche und Chilisauce in die Pfanne geben und alles 5 Minuten einköcheln. Die Nudeln unter die Sauce rühren.

Purer Geschmack

GLASNUDELSALAT

DER LACHS IN DIESEM ERFRISCHENDEN SALAT LÄSST SICH AUCH DURCH GARNELEN ERSETZEN. LACHS MUSS VOR DEM MARINIEREN MINDESTENS DREI TAGE EINGEFROREN WERDEN.

FÜR 2 PERSONEN

300 G FRISCHES LACHSFILET
SAFT VON 1 LIMETTE
100 G GLASNUDELN
100 G GEPALTE TK-EDAMAME (SOJABOHNEN, AUS DEM ASIA-LADEN)
1/3 SALATGURKE
1/2 TOPF KORIANDER
1/3 FRISCHE ROTE CHILISCHOTE, ENTKERNT
75 G GRÜNER SALAT ODER BABYSPINAT
1 EL GERÖSTETE SESAMSAAT

ZUM SERVIEREN:
ASIATISCHER DIP VON SEITE 98

1. Den Lachs in Würfel schneiden und etwa 20 Minuten im Limettensaft marinieren. Wer keinen rohen Lachs mag, kann ihn etwa 3 Minuten auf mittlerer Stufe in Rapsöl braten.

2. Die Nudeln nach Packungsanweisung garen. Die Edamame 1 Minute unter kaltem Wasser abspülen.
Die Gurke waschen und in Streifen schneiden. Koriander und Chilischote hacken.

3. Nudeln, Edamame, Gurke, Koriander, Chili und Salat oder Spinat mischen. Mit der Sauce beträufeln, mit dem Lachs belegen und mit dem Sesam bestreuen.

Lecker und gesund

FISCHSTÜCKE MIT SESAMKRUSTE

SCHMECKEN BESSER ALS FISCHSTÄBCHEN UND ENTHALTEN OBENDREIN NOCH VIEL MEHR NÄHRSTOFFE.

FÜR 4 PERSONEN

600 G WEISSFISCHFILET (TK-FISCH AUFGETAUT)
2 EIER
60 G MEHL
1 TL SALZ
¼ TL SCHWARZER PFEFFER ODER ZITRONENPFEFFER
50 G KOKOSRASPEL
70 G SESAMSAAT
2–3 EL RAPSÖL

1. Den Fisch in Stücke schneiden.

2. Die Eier in einer Schale verquirlen. Mehl, Salz und Pfeffer in einer zweiten Schale mischen. Kokosraspel und Sesam in eine dritte Schale geben.

3. Das Öl auf mittlerer Stufe in einer Pfanne erhitzen. Die Fischstücke zuerst im Mehl, dann im Ei und schließlich in der Sesammischung wenden.

4. Die Fischstücke einige Minuten in der Pfanne auf beiden Seiten goldbraun braten. Mit Kartoffelpüree (Rezept unten) oder Pommes frites von Seite 95 und Mango-Chutney von Seite 98 servieren.

KARTOFFELPÜREE

1 kg Kartoffeln schälen und in kleine Stücke schneiden. Etwa 15 Minuten in gesalzenem, kochendem Wasser garen. Abgießen und mit einem Stampfer zerdrücken. 200 ml Milch und 1 EL Butter unterrühren und mit ¼ TL gemahlenem weißem Pfeffer und ½ TL Salz würzen.

friends and food

Teamwork – zusammen kochen macht Spaß

Schnell gezaubert

QUESADILLAS

SUPERLECKERE QUESADILLAS MIT JALAPEÑOS UND REICHLICH GERIEBENEM KÄSE. OHNE DAS HACKFLEISCH WERDEN ES AUCH TOLLE KLEINE SNACKS.

VORSPEISE FÜR 8 PERSONEN

1 EL BUTTER
125 G HACKFLEISCH, QUORN- ODER SOJAHACK
½ EL TACO-GEWÜRZ (REZEPT UNTEN)
8 EINGELEGTE JALAPEÑORINGE, GEHACKT
200 G GERIEBENER MOZZARELLA ODER CHEDDAR
6 GROSSE TORTILLAS

ZUM SERVIEREN
CRÈME FRAÎCHE
KORIANDERDRESSING VON SEITE 98

1. Die Butter in einer Pfanne auf mittlerer Hitze zerlassen und das Hackfleisch darin anbräunen. Das Taco-Gewürz einrühren und ein paar Minuten weiterbraten. Die Jalapeños zufügen.

2. Käse und Hackfleisch auf einer Hälfte der Tortillas verteilen. Mittig überklappen und zusammendrücken. In einer heißen, trockenen Pfanne ein paar Minuten auf jeder Seite braten, bis der Käse geschmolzen ist.

3. Die Tortillas halbieren, sodass Dreiecke entstehen und mit Crème fraîche und Korianderdressing servieren.

TACO-GEWÜRZ

2 EL Ancho-Chilipulver, 1 EL Paprikapulver edelsüß, 2 EL gemahlener Kreuzkümmel, ½ TL Cayennepfeffer, 1 EL Salz und ½ EL Oregano mischen und luftdicht verschlossen aufbewahren.

Drinks
1962
THE WORLD

Herzhaft

PASTA CON SALSICCIA

SALSICCIA, DIE KÖSTLICHE ITALIENISCHE BRATURST, IST PERFEKT FÜR EINEN NUDELSALAT. MAN KANN DIE WÜRSTE AUCH ENTHÄUTEN UND DAS WURSTBRÄT MIT IN DIE PFANNE BRÖCKELN.

FÜR 4 PERSONEN

400 G NUDELN
250 G CHAMPIGNONS
1 EL OLIVENÖL
300 G SALSICCIA (ITALIENISCHE WURST) ODER FRISCHE BRATWURST
½ TL CHILIPULVER
1 EL KALBSFOND
250 G SAHNE
SALZ UND SCHWARZER PFEFFER

ZUM SERVIEREN
2 EL FRISCH GEHACKTE PETERSILIE
GERIEBENER PARMESAN

1. Die Nudeln nach Packungsanweisung garen und beiseitestellen. Die Champignons abbürsten, in Scheiben schneiden und in einer Pfanne im Olivenöl leicht anbräunen.

2. Die Salsiccia oder Bratwurst in Scheiben schneiden und einige Minuten mit den Champignons braten. Chilipulver, Fond und Sahne zufügen und 5 Minuten köcheln lassen.

3. Die Nudeln unter die Sauce rühren und mit Salz und Pfeffer würzen. Mit Petersilie und Parmesan servieren.

Neue Aromen

3 X PIZZA PESTO

WAS IST AN EINEM CHILLIGEN SONNTAG BESSER ALS PIZZA? INSBESONDERE DIESE VARIANTEN MIT PESTO!

FÜR 4 PERSONEN

Für 1 Blech Pizza

25 G FRISCHE HEFE
250 ML LAUWARMES WASSER
2 EL ÖL
1 TL SALZ
360–420 G MEHL

BELAG 1

½ PORTION BASILIKUMPESTO VON SEITE 98
+ 2 EL OLIVENÖL
+ 250 G MOZZARELLA, IN SCHEIBEN GESCHNITTEN
+ 150 G SCHINKEN, Z. B. PARMASCHINKEN

BELAG 2

1 PORTION BLUMENKOHLPESTO VON SEITE 98
+ 70 G KÜRBISKERNE
+ 1 ROTE ZWIEBEL, IN FEINE RINGE GESCHNITTEN
+ 100 G GERIEBENER KÄSE

BELAG 3

1 PORTION KAROTTENPESTO VON SEITE 60
+ 100 G GERIEBENER KÄSE

1. Die Hefe in einem kleinen Teil des lauwarmen Wassers auflösen. Restliches Wasser, Öl und Salz zufügen. Nach und nach das Mehl unterrühren. Dann 5 Minuten in der Küchenmaschine oder 10 Minuten von Hand kneten.

2. Den Teig 1 Stunde gehen lassen. Unterdessen die Pestos zubereiten. Für eine Pizza vom Blech den gesamten Teig ausrollen und auf ein mit Backpapier ausgelegtes Backblech legen. Ansonsten den Teig vierteln und direkt auf Backpapier zu vier runden Böden ausrollen.

3. Den Backofen auf 220 °C vorheizen. Die Böden belegen. Für die Karotten- und die Blumenkohlpizza zuerst das Pesto verstreichen und dann den restlichen Belag zufügen. Bei der Basilikumpizza den Teig zuerst mit Olivenöl bestreichen, dann Schinken und Mozzarella auflegen und backen. Erst danach mit ein paar Löffeln Pesto garnieren.

4. Etwa 15 Minuten in der Mitte des Ofens backen, bis der Käse hellbraun ist. Mit Krautsalat von Seite 46 servieren.

Entschleunigt

PULLED PORK LEICHT GEMACHT

WENN DAS SCHWEINEFLEISCH ERST EINMAL IM OFEN IST, BEREITET SICH DAS PULLED PORK FAST VON ALLEINE ZU UND DU KANNST WÄHRENDDESSEN SCHLAFEN ODER ANDERE DINGE ERLEDIGEN. SUPER IN SANDWICHES, WRAPS, SALATEN ODER AUF KNÄCKEBROT.

FÜR 6 PERSONEN

1½ KG SCHWEINENACKEN
½ TL GEMAHLENER SCHWARZER PFEFFER
½ TL SALZ
200 ML BARBECUESAUCE
100 ML WASSER

ZUM SERVIEREN

HAMBURGERBRÖTCHEN ODER PITABROTE
MANGO, AVOCADO UND PAPRIKA, IN STREIFEN GESCHNITTEN
BABYSPINAT
SCHMAND

1. Den Backofen auf 120 °C vorheizen. Das Fleisch in einen Schmortopf oder eine Auflaufform geben. Salzen, pfeffern, die Barbecuesauce mit dem Wasser verdünnen und über das Fleisch gießen.

2. Den Deckel aufsetzen oder den Topf mit Alufolie abdecken und auf der unteren Schiene im Ofen etwa 8 Stunden backen. Ab und zu prüfen, ob noch genügend Flüssigkeit vorhanden ist und bei Bedarf Wasser nachgießen.

3. Das Fleisch aus dem Ofen nehmen und etwas abkühlen lassen. Mit einer Gabel zerrupfen und unter die Sauce rühren. Nach Geschmack mehr Barbecuesauce unterrühren. Mit den Beilagen servieren.

Vorsicht: Wenn Öl zu heiß wird, kann es Feuer fangen! Daher sollte beim Frittieren immer ein Handtuch oder eine Löschdecke bereitliegen. Wenn sich Öl entflammt, sofort den Deckel auf den Topf setzen und das Feuer ersticken. Niemals Wasser in heißes Öl gießen!

Einfacher, als du denkst

POMMES FRITES

KLAR, SELBST GEMACHTE POMMES FRITES MACHEN ETWAS MEHR ARBEIT ALS FERTIGPOMMES AUS DEM OFEN, DAFÜR SCHMECKEN SIE ABER VIIIIIIIEL BESSER.

FÜR 4 PERSONEN

8 GROSSE BIO-KARTOFFELN
1–2 L SONNENBLUMEN-, MAISKEIM- ODER RAPSÖL
SALZ

PEPP DEN KETCHUP MIT EIN PAAR SPRITZERN TABASCO AUF!

1. Die Kartoffeln abbürsten und in dicke Stifte schneiden.

2. In gesalzenem Wasser etwa 10 Minuten kochen, bis sie fast gar sind. Mit einem Schaumlöffel herausheben und auf einem Blech oder einem Tablett ausgebreitet abkühlen lassen.

3. Das Öl in einem Topf, Wok oder Gusseisentopf auf 180 °C erhitzen. Eine Handvoll Kartoffelstifte mit dem Schaumlöffel ins Öl geben und ein paar Minuten goldbraun frittieren. Herausheben und auf Küchenpapier abtropfen lassen. Nach und nach die restlichen Kartoffeln frittieren. Salzen und pfeffern und zum Beispiel zu den Hamburgern von Seite 97, dem Burgersandwich von Seite 17 oder den Fischstücken von Seite 83 servieren. Das Öl abseihen und wiederverwerten. Im Kühlschrank aufbewahren.

Der Ultra-Burger

HAMBURGER VOM FEINSTEN

DIESER FASTFOOD-KLASSIKER GEHT IMMER – HIER IN EINER ECHTEN LUXUSVERSION. BESONDERS FEIN WIRD'S MIT RINDERTATAR.

FÜR 4 PERSONEN

600 G RINDERHACK
SALZ UND SCHWARZER PFEFFER
1 EL BUTTER

KNOBLAUCHSAUCE
100 G SCHMAND
1 KNOBLAUCHZEHE, ABGEZOGEN UND ZERDRÜCKT
SALZ UND SCHWARZER PFEFFER

WEITERE BURGERZUTATEN
4 HAMBURGERBRÖTCHEN
TOMATENSCHEIBEN
KÄSESCHEIBEN
GEBRATENER FRÜHSTÜCKSSPECK
FEINE ROTE ZWIEBELRINGE
BARBECUESAUCE

1. Das Hackfleisch mit Salz und schwarzem Pfeffer vermengen. Nicht zu lange mischen, sonst werden die Burger zu kompakt.

2. Aus dem Hack 4 gleich große Kugeln formen und zu etwa 2 cm dicken Scheiben flach drücken. 3–4 Minuten auf jeder Seite in Butter braten oder grillen.

3. Alle Zutaten für die Knoblauchsauce glatt rühren.

4. Die Hamburgerbrötchen aufrösten. Die Burger mit den Burgerzutaten und mit den Pommes frites von Seite 95 servieren.

Jede Menge Saucen

Eine leckere Sauce verleiht auch dem langweiligsten Gericht Pepp. Hier ein paar einfache Saucenrezepte für jeweils vier Personen. Die meisten kalten Saucen müssen noch eine Weile ziehen, Guacamole und Zaziki sollten aber sofort serviert werden.

MINZSAUCE

200 g Crème fraîche oder Naturjoghurt, 2 EL gehackte Minze, 1 TL flüssiger Honig, ¼ TL Salz, ¼ TL gemahlenen schwarzen Pfeffer sowie Saft und abgeriebene Schale von 1 Zitrone verrühren. Passt zu Lamm oder Hühnchen.

GUACAMOLE

3 zerdrückte Avocados, 1 zerdrückte Knoblauchzehe, ½ EL Zitronensaft, ein paar Tropfen Tabasco, 1 EL Olivenöl, 2 entkernte, gehackte Tomaten und 1½ TL Salz verrühren. Passt zu Tex-Mex-Gerichten.

APFEL-ZAZIKI

1 geriebenen Apfel, 1 EL Zitronensaft, 200 g griechischen Joghurt und 1 zerdrückte Knoblauchzehe verrühren. Lecker zu Gegrilltem.

MANGO-CHUTNEY-SAUCE

200 g griechischen Joghurt und 3 EL Mango-Chutney verrühren. Super zu Gegrilltem oder zu den Fischstücken von Seite 83.

ASIATISCHER DIP

1 EL japanische Sojasauce, 2 EL Sesamöl, 1 EL frisch geriebene Ingwerwurzel, ½ EL flüssigen Honig und 1 TL Limettensaft verrühren. Lecker zu Lachs und Garnelen, z. B. zum Glasnudelsalat von Seite 80.

KORIANDERDRESSING

6 sonnengetrocknete Tomaten, 1 Topf gehackter Koriander, 1 EL Zitronensaft, 1 zerdrückte Knoblauchzehe, ½ fein gehackte, entkernte frische Chilischote und 90 ml Rapsöl fein pürieren. Passt zu Tex-Mex-Gerichten und den Quesadillas von Seite 86.

HUMMUS

1 Dose (ca. 380 g) Kichererbsen, 2 EL Tahini, 2 zerdrückte Knoblauchzehen, ½ TL Salz, ¼ TL gemahlenen schwarzen Pfeffer, etwa 50 ml Olivenöl und ¼ TL Paprikapulver fein pürieren. Super als Dip oder auf Brot.

HONIGDRESSING

90 ml Olivenöl, 1 EL flüssigen Honig, Saft von ½ Limette, ¼ TL Salz und ¼ TL schwarzen Pfeffer verquirlen. Super zu Salaten, wie dem Erdbeer-Bohnen-Couscous von Seite 55 oder dem Rohkostsalat von Seite 36.

RUCOLADIP

30 g Rucola, 200 g Crème fraîche, 2 zerdrückte Knoblauchzehen und ½ TL Salz fein pürieren. Passt super zu Gegrilltem.

BASILIKUMPESTO

50 g geröstete Pinienkerne, 10 Basilikumstängel, 90 ml Olivenöl, 1 zerdrückte Knoblauchzehe, 40 g geriebenen Parmesan, ¼ TL Salz und ¼ TL schwarzen Pfeffer pürieren. Schmeckt zu Pasta oder auf der Pizza von Seite 91.

BLUMENKOHLPESTO

70 g Cashewkerne, 150 g frischen Blumenkohl (ca. 5 Röschen), 1 zerdrückte Knoblauchzehe, 40 g geriebenen Parmesan, 90 ml Olivenöl und ¼ TL Salz pürieren. Super zu frisch gekochten Nudeln oder auf der Pizza von Seite 91.

KONFITÜRENSAUCE

200 g Crème fraîche, 2 EL Himbeerkonfitüre, ¼ TL Salz und ¼ TL schwarzen Pfeffer verrühren. Lecker zu Fisch.

Griechischer Klassiker

GYROS PITA

DER CLOU AN DIESEM REZEPT IST DIE MARINADE! DIE PERFEKTE FÜLLUNG FÜR PITABROTE.

FÜR 5 PERSONEN

MARINADE

4 EL RAPSÖL
1 TL GEMAHLENER KREUZKÜMMEL
2 KNOBLAUCHZEHEN, ABGEZOGEN UND ZERDRÜCKT
2 TL DIJONSENF
2 TL SALZ

3 SCHEIBEN ROASTBEEF (CA. 600 G)
1 TOMATE
½ ROTE ZWIEBEL
1 HANDVOLL BABYSPINAT
5 PITABROTE

SAUCE

50 G NATURJOGHURT
1 KNOBLAUCHZEHE, ABGEZOGEN UND ZERDRÜCKT
1 EL OLIVENÖL

1. Die Zutaten für die Marinade verrühren und das Fleisch hineinlegen. Marinieren und inzwischen die Tomate waschen und in Scheiben schneiden. Die Zwiebel abziehen und in Ringe schneiden, dann die Zutaten für die Sauce verrühren.

2. Das Roastbeef einige Minuten auf jeder Seite braten. Herausnehmen und 5 Minuten ruhen lassen, dann in dünne Streifen schneiden.

3. Die Pitabrote im Ofen oder auf dem Toaster aufrösten. Die Brote mit Fleisch, Gemüse und Knoblauchsauce füllen und sofort servieren.

Tex-Mex mal anders

CHILI CON CHORIZO

KÖSTLICHES CHILI, DAS NOCH ETWAS SCHÄRFER WIRD, WENN MAN DIE CHILISCHOTEN NICHT ENTKERNT. DIE SCHOKOLADE VERLEIHT DEM GANZEN EINEN BESONDEREN KICK.

FÜR 6 PERSONEN

1 ZWIEBEL
½ FRISCHE ROTE CHILISCHOTE, ENTKERNT
2 KNOBLAUCHZEHEN
300 G CHORIZO (SPANISCHE PAPRIKA-WURST)
1 EL RAPSÖL
1 DOSE KIDNEYBOHNEN (CA. 380 G)
1 DOSE KICHERERBSEN (CA. 380 G)
1 TL CHIPOTLE-CHILIPULVER
800 G COCKTAILTOMATEN AUS DER DOSE
1 DOSE TOMATEN IN STÜCKEN (CA. 400 G)
½ TL SALZ
1 EL FRISCH GEHACKTER ROSMARIN
1 EL FEIN GEHACKTE ZARTBITTERSCHOKOLADE (70 % KAKAOANTEIL)

1. Abgezogene Zwiebel, Chilischote und abgezogenen Knoblauch hacken. Die Chorizo gegebenenfalls pellen, in Scheiben schneiden und mit Zwiebel, Knoblauch und Chili auf mittlerer Stufe in einem Topf in Öl etwa 5 Minuten braten.

2. Die restlichen Zutaten bis auf Schokolade und Rosmarin zufügen. 30 Minuten einköcheln. Schokolade und Rosmarin unterrühren und sofort mit Baguette servieren.

Schnell gemacht

SCONES MIT KÄSEFÜLLUNG

SCONES SIND PERFEKT FÜR DEN KLEINEN HUNGER. HIER EINE ETWAS REICHHALTIGERE VARIANTE.

ERGIBT 8 SCONES

½ ROTE ZWIEBEL
3 SONNENGETROCKNETE TOMATEN
300 G MEHL
1 TL SALZ
2 TL BACKPULVER
200 G MITTELALTER GOUDA ODER ANDERER AROMATISCHER KÄSE
100 G KALTE BUTTER
200 G BUTTERMILCH, JOGHURT ODER MILCH

1. Den Backofen auf 220 °C vorheizen. Die Zwiebel abziehen und hacken, die Tomaten klein schneiden.

2. Alle trockenen Zutaten mischen, den Käse reiben. Die Butter klein schneiden und in die Mehlmischung reiben, bis ein krümeliger Teig entsteht. Tomaten und Zwiebel untermengen, dann Buttermilch, Joghurt oder Milch einrühren. Nicht zu lange rühren, nur kurz zusammenfügen. Der Teig sollte ganz locker sein.

3. Auf einem mit Backpapier ausgelegten Backblech zu einem großen oder zwei kleinen Fladen formen.

4. 15 Minuten im Ofen goldbraun backen, dann in Stücke schneiden. Frisch gebacken mit Butter, einer Tasse Tee und vielleicht etwas Schinken servieren.

Das süße Leben – leckere Desserts, Kuchen und Snacks
Hello sweetie!

Helden der Kindheit

PAPAS PFANNKUCHEN

DER PERFEKTE ABSCHLUSS FÜR DEN SONNTAGSBRUNCH. MAN KANN DIE PFANNKUCHEN GUT VORBEREITEN UND SPÄTER IN DER MIKROWELLE AUFWÄRMEN.

ERGIBT 8 STÜCK

2 EIER
400 ML MILCH
120 G MEHL
½–1 TL SALZ
BUTTER, ZUM BRATEN

ZUM SERVIEREN

GESCHLAGENE SAHNE + BEEREN
ODER
GERIEBENER APFEL, ZIMT + VANILLEQUARK

1. Die Eier mit der Hälfte der Milch verquirlen. Das Mehl nach und nach unter Rühren zufügen, damit es nicht klumpt. Restliche Milch und Salz unterrühren. Den Teig eine Weile ruhen lassen.

2. Eine kleine Pfanne auf mittlerer Stufe erhitzen und etwas Butter darin zerlassen. Etwa 100 g des Teigs hineingeben. Wenden, wenn die Oberfläche leicht gestockt ist.

3. Mit Sahne und Beeren oder Konfitüre servieren (alternativ mit geriebenem Apfel, Vanillequark und Zimt).

Tipp! **MIT EIN PAAR LÖFFELN HÜTTENKÄSE SERVIEREN, DANN WIRD'S SÄTTIGENDER.**

Schokoladig

SCHOKO-MUFFINS

DER SCHWEDISCHE KLADDKAKA (MATSCHKUCHEN) IN MUFFINFORM. UNBEDINGT PROBIEREN!

ERGIBT 12 STÜCK

100 G BUTTER
240 G ZUCKER
70 G ZUCKERRÜBENSIRUP
2 EIER
1½ TL VANILLEZUCKER
¼ TL SALZ
30 G UNGESÜSSTES KAKAOPULVER
150 G MEHL
½ TL BACKPULVER

1. Den Backofen auf 175 °C vorheizen. Die Butter zerlassen und abkühlen lassen.

2. Zucker, Sirup und Eier verrühren. Die trockenen Zutaten in einer separaten Schüssel mischen. Abwechselnd die Butter und die trockenen Zutaten unter die Eimasse rühren.

3. Eine 12er-Muffinform mit Papierförmchen auslegen und diese gut zur Hälfte mit Teig befüllen.

4. Etwa 15 Minuten backen. Die Muffins müssen innen noch weich sein und sinken nach dem Backen ein. Abkühlen lassen.

5. Die Muffins mit oder ohne Sahne servieren.

Schwedischer Klassiker

KOKOSBÄLLCHEN

SCHNELL UND GANZ OHNE OFEN GEMACHT. DIESE VARIANTE SCHMECKT NEBEN KOKOSNUSS KÖSTLICH NACH KAFFEE UND KARDAMOM.

ERGIBT 20 STÜCK

100 G BUTTER
150 G HAFERFLOCKEN
120 G ZUCKER
1 TL ZIMT
1 TL GEMAHLENER KARDAMOM
4 EL UNGESÜSSTES KAKAOPULVER
2 EL STARKER KALTER KAFFEE
50 G KOKOSRASPEL

1. Die Butter würfeln. Alle Zutaten bis auf die Kokosraspel in einer Schüssel vermengen und die Masse zu kleinen Kugeln formen.

2. Die Kokosraspel auf einem Teller verteilen und die Kugeln darin wenden. Kühl aufbewahren.

Tipp! **DIE KOKOSRASPEL DURCH HAGELZUCKER ODER GEHACKTE NÜSSE ERSETZEN.**

Süß und mit Crunch

SCHOKO-CROSSIES

KÖSTLICH-KNACKIG UND SCHOKOLADIG – DIESE KNUSPERPRALINEN SOLLTE MAN IMMER AUF VORRAT HABEN!

ERGIBT CA. 30 STÜCK

200 G BUTTER
120 G ZUCKER
1 TL VANILLEZUCKER
70 G HONIG
5 EL UNGESÜSSTES KAKAOPULVER
50 G KOKOSRASPEL
180 G CORNFLAKES

1. Butter, Zucker, Vanillezucker, Honig und Kakao in einem Topf aufkochen und 3–4 Minuten köcheln lassen.

2. Kokosraspel und Cornflakes vorsichtig unterrühren.

3. Die Masse in kleinen Häufchen auf Backpapier oder in kleine Papierförmchen verteilen. Ein paar Stunden an einem kühlen Ort aushärten lassen.

Tipp! **AUCH LECKER: PUFFREIS STATT CORNFLAKES VERWENDEN.**

Süß-sauer

CHEESECAKE-EISTORTE

DIESE TRAUMHAFTE EISTORTE IST DER IDEALE ABSCHLUSS EINES FESTMAHLS.

ERGIBT 8–10 STÜCKE

75 G BUTTER
150 G VOLLKORNBUTTERKEKSE
1 LIMETTE
200 G SAHNE
200 G FRISCHKÄSE
200 G CRÈME FRAÎCHE
60 G PUDERZUCKER
1 TL VANILLEZUCKER
4 PASSIONSFRÜCHTE

FÜR EINEN WEIHNACHTLICHEN CHEESECAKE DIE BUTTERKEKSE DURCH SPEKULATIUS ERSETZEN.

1. Die Butter zerlassen. Die Kekse in einem Mörser oder einem Gefrierbeutel fein zerbröseln, unter die Butter rühren und am Boden einer Springform mit 22 cm Durchmesser andrücken. In den Kühlschrank stellen.

2. Die Limettenschale abreiben, die Limette auspressen. Die Sahne steif schlagen. Frischkäse, Crème fraîche, Puderzucker, Vanillezucker, Limettenschale und -saft glatt rühren. Die Sahne unterheben.

3. Die Masse in die Form füllen und mindestens 4 Stunden tiefkühlen.

4. 30 Minuten vor dem Servieren antauen lassen, damit sie sich leichter zerteilen lässt. Die Passionsfrüchte halbieren und das Fruchtfleisch auf der Torte verteilen.

Geniale Idee

POPCORN-LOLLI

SALZIGES POPCORN UND SÜSSE MARSHMALLOWS ALS KÖSTLICHES DREAMTEAM. EINE KLEBRIGE ANGELEGENHEIT, ABER ES LOHNT SICH!

ERGIBT 12 STÜCK

1 PAKET MIKROWELLENPOPCORN (100 G)
2 + 2 EL BUTTER
300 G MARSHMALLOWS
12 EISSTIELE
GEHACKTE SCHOKOLADE, GEHACKTE NÜSSE ODER STREUSEL (NACH WAHL)

1. Das Popcorn nach Packungsanweisung zubereiten und in eine große Schüssel geben.

2. 2 Esslöffel Butter auf kleiner Stufe in einem Topf zerlassen. Die Marshmallows darin unter Rühren schmelzen. Die Mischung über das Popcorn gießen und behutsam unterheben. 5–10 Minuten abkühlen lassen, nicht länger, sonst wird das Ganze zu fest.

3. Die Handflächen mit Butter einreiben, damit das Popcorn nicht daran kleben bleibt, und das Popcorn zu Kugeln formen. Je 1 Eisstiel hineinstecken und sofort in gehackter Schokolade, gehackten Nüssen oder Streuseln wenden, solange das Popcorn noch klebrig ist. In ein Glas oder einen Becher stellen und mindestens 10 Minuten aushärten lassen. Sofort essen oder im Kühlschrank aufbewahren.

Schicht um Schicht

KNUSPERDESSERT MIT FRÜCHTEN

SÜSS, FRUCHTIG UND GESUND – BESSER GEHT'S NICHT, ODER?

FÜR 4 PERSONEN

1 EL BUTTER
30 G FEINE HAFERFLOCKEN
1 EL ROHROHRZUCKER ODER ZUCKER
25 G KOKOSRASPEL
½–1 TL GEMAHLENER ODER ZERSTOSSENER KARDAMOM
250 G FRISCHE BEEREN (Z. B. HIMBEEREN, BLAUBEEREN ODER ERDBEEREN) ODER MANGO
250 G VANILLEQUARK

1. Die Butter in einer Pfanne zerlassen und die Haferflocken darin anbräunen. Zucker, Kokosraspel und Kardamom zufügen und ein paar Minuten mitbraten, bis der Zucker geschmolzen ist. Vorsicht, die Kokosraspel verbrennen leicht!

2. Früchte, Vanillequark und das Knuspermüsli abwechselnd in vier Gläser schichten.

HAPPY
DAY!

Zuckersüß

CANDY-CUPCAKES

DAS ANRÜHREN GEHT SCHNELL, DAS DEKORIEREN MACHT SPASS, UND DER GENUSS IST RIESIG.

ERGIBT 12 STÜCK

100 G BUTTER
2 EIER
160 G ZUCKER
210 G MEHL
40 G SPEISESTÄRKE
2 TL VANILLEZUCKER
2 TL BACKPULVER
70 G ZUCKERRÜBENSIRUP
100 ML MILCH

FROSTING

150 G ZIMMERWARME BUTTER
240 G PUDERZUCKER
1 TL VANILLEZUCKER

DEKO

STREUSEL, ZERSTOSSENE ROT-WEISSE PFEFFERMINZBONBONS, SCHOKOLINSEN ODER KOKOSFLOCKEN

1. Den Backofen auf 200 °C vorheizen. Die Butter zerlassen und abkühlen lassen. Eier und Zucker schaumig schlagen.

2. Mehl, Speisestärke, Vanillezucker und Backpulver mischen. Die Mehlmischung mit der Butter und dem Sirup in die Eiermasse geben. Gründlich vermengen.

3. 12 Muffinförmchen zu ⅔ mit dem Teig füllen und 12 Minuten im Ofen backen. Mit einem Spieß einstechen. Wenn nichts daran haften bleibt, sind die Cupcakes fertig.

4. Für das Frosting Butter, Puderzucker und Vanillezucker mit einem Handmixer glatt rühren. Etwas Wasser zufügen, falls die Masse zu dick ist. Auf die Cupcakes spritzen oder darauf verstreichen. Mit der Deko bestreuen.

Die weltbeste Torte

SCHOKOLADENBAISER-TORTE

DIESE TORTE HAT EINFACH ALLES UND IST DAZU NOCH SCHNELL UND KINDERLEICHT ZUSAMMENGESTELLT!

ERGIBT 6–8 STÜCKE

4 EIWEISS
160 G ZUCKER
1½ EL UNGESÜSSTES KAKAOPULVER
225 G FRISCHE ODER TK-ERDBEEREN
500 G SAHNE
ABGERIEBENE SCHALE UND SAFT VON 1 BIO-ZITRONE
250 G MAGERQUARK
2 EL ZUCKER

ZUM DEKORIEREN
FRISCHE BEEREN
ZITRONENMELISSE

Tipp!

DER EISCHNEE FÜRS BAISER IST STEIF GENUG, WENN ER AUCH BEI UMGEDREHTER SCHÜSSEL NICHT HERAUSLÄUFT.

1. Den Backofen auf 125 °C Heißluft vorheizen. Das Eiweiß steif schlagen. Nach und nach Zucker und Kakao unterrühren und weiterschlagen, bis ein glänzender Eischnee entstanden ist.

2. 2 Backbleche mit Backpapier auslegen und den Eischnee in Spiralen mit 15 cm Durchmesser aufspritzen oder als Fladen verstreichen. Wer es schokoladiger mag, kann die Böden mit etwas Kakao bestäuben.

3. Beide Bleche in den Ofen schieben und 40 Minuten backen. Nach 20 Minuten die Bleche tauschen. Den Ofen ausschalten und die Böden im Ofen vollständig auskühlen lassen. Erst dann vom Backpapier lösen.

4. Die Erdbeeren zerdrücken. TK-Erdbeeren auftauen und in einem Sieb abtropfen lassen.

5. Die Sahne steif schlagen, die Erdbeeren unterheben. Zitronensaft und -schale, Quark und Zucker glatt rühren. Einen Boden auf einen Tortenteller legen, mit Quark, Erdbeersahne und dem zweiten Boden belegen. Fortsetzen und mit Sahne und Beeren enden. Mit Beeren und Zitronenmelisse dekorieren.

Danke

Den Student*innen August, Moa, Louise, Leo, Hugo, Fatima, Andreas, Theo und Wendela, die einige der Rezepte ausprobiert und sich für die Fotos zur Verfügung gestellt haben.

Tina vom Laden „Two Shabby Chic", den Mitarbeiter*innen der Läden „Cranberry Corner" und „Dwellers", Inger Gillerstrand, Stefan Wolff und Olev Nõu für die Requisiten. Danke auch an das Rosenhill Café auf Ekerö, wo wir fotografieren durften.

Margot Henrikson, Mattias Henrikson, Johanna Jeansson und Hanna Gerhardsen vom Ordalaget für die tolle Zusammenarbeit. Danke, dass ihr an unsere Idee geglaubt habt.

Unseren Freund*innen und Verwandten für ihre Unterstützung und Inspiration bei den Rezepten und für das Probekochen und Probekosten.

Unseren lieben Familien, die verwüstete Küchen, Wochenend- und Nachtarbeit sowie das ständige Gerede über Essen und Fotos so geduldig ertragen haben. Den Katzen Missan, Maja und Tarzan, die unsere Arbeit gewissenhaft überwacht und uns oft zum Lachen gebracht haben. Und natürlich allen anderen, die dieses Buch möglich gemacht haben.

Lena Djuphammar und Pernilla Rönnlid

REGISTER

1. Auflage

Originaltitel: Quick and tasty
First published by Ordalaget Bokförlag, SwedenLarousse

Dieses Buch ist 2016 unter dem Titel „Studentenküche quick and tasty" im Südwest Verlag, einem Unternehmen der Penguin Random House GmbH, Neumarkter Straße 28, 81673 München, erschienen.

ISBN 978-3-8094-4550-0

Umschlaggestaltung: Atelier Versen, Bad Aibling
Herstellung: Elke Cramer
Projektleitung: Anja Halveland

Realisierung der deutschen Ausgabe: trans texas publishing services GmbH, Köln
Übersetzung: Melanie Schirdewahn, Köln

Satz dieser Ausgabe: Nadine Thiel, kreativsatz, Baldham
Druck und Bindung: Firmengruppe APPL, Wemding

Penguin Random House Verlagsgruppe FSC® N001967